가장 위대한 발명
수

정완상 지음

BooksHill
이치사이언스

추천의 글

여러분은 상상이 잘 안 되겠지만 선생님은 초등학교 시절 교과서 외에 읽을 수 있는 책이 없었습니다. 한 권 있는 지도책을 등잔불 밑에서 보고 또 보며 세계 여러 나라와 도시 이름을 외우며 상상의 나래를 펼치곤 했지요. 50여 년이 지난 지금도 그때 너덜너덜해진 지도책을 생각하면 저절로 지구상의 모든 나라들이 머릿속에 그려집니다. 읍내에 있는 중학교에 들어가면서 다행히 뉴턴과 아인슈타인, 에디슨 등과 같은 인물들을 책으로 만날 수 있었고, 그때부터 저는 과학자가 되겠다는 꿈을 키웠고 대학에서 과학을 전공하고 교수가 되었습니다.

책은 우리 미래를 밝히는 등대입니다. 선생님은 "Go! Go! 과학특공대"가 여러분을 더 넓은 세상과 더 나은 미래로 이끄는 푸른 신호등이 되리라 확신합니다. 여러분들이 학교에서 배우고 있는 내용들을 즐겁고 재미있게 느끼도록 만들었으니까요.

위대한 과학자 뉴턴은 "나는 진리의 바닷가에서 반짝이는 조개껍질 하나를 줍고 기뻐하는 어린아이와 같다."라고 했습니다. 여러분도 "Go! Go! 과학특공대"를 읽고 뉴턴이 느꼈던 그 기쁨을 마음껏 누려보길 바랍니다.

전우수(한국초등과학교육학회 회장 · 공주교육대학교 교수)

 이 책을 읽는 어린이들에게

언제나 날 본체만체하는 우리집 야옹이를 알아가는 것, 친구와 하는 내기에서 빨리 셈하는 방법을 알아내는 것, 밤하늘의 반짝이는 별들의 이름을 찾아보는 것은 즐거운 일이지만, 생물을 공부하고, 수학을 공부하고, 과학을 공부를 하는 것은 어렵습니다. 아니, 솔직하게 말해서 공부는 어렵다기보다 하기 싫은 것이죠. 그럼 왜 공부가 하기 싫을까요? 그것은 어른들한테도 어느 정도 책임이 있답니다. 어른들은 1등, 2등밖에 모르기 때문입니다. 사실 엄마 아빠도 모두가 1, 2등을 한 것도 아니면서 말입니다.

학교 갔다 와서 친구들과 축구를 한다거나 컴퓨터 게임을 하면 재미있죠. 맞습니다. 이 글을 쓴 선생님도 학교 갔다 오면 친구들과 동네를 휩쓸고 다니며 노는 것이 공부보다 즐거웠답니다. 그렇게 놀기만 하다 보니 공부가 점점 더 싫어지더라고요. 그러다가 된통 어머니께 꾸중을 들은 날이 있었습니다. 그날 눈물콧물 줄줄 흘리며 혼자 방 안에 앉아 있는데 '그렇게 놀기만 해서는 커서 빈털터리 건달밖에 안 돼.'라는 어머니 말씀이 자꾸 생각나더라고요. 그래서 공부하는 데 취미를 붙여 보려고 책 읽는 연습부터 했죠. 하기 싫은 것을 억지로 한다고 해서 될 것이 아니라는 것을 알았기 때문에, 책 읽는 연습부터 한 거예요.

일을 안 하고는 생활할 수 없듯이, 여러분도 아주 조금씩이라도 공부에 관심을 가져야 합니다. 이건 경험을 통해 알게 된 것이에요. 그래서 전 어렸을 적 저처럼 아주 공부하기를 지겨워하는 학생들을 위해 이 책을 썼습니다. 이 책을 재미있게 읽다 보면 몰입하는 즐거움을 느낄 수 있습니다. 몰입이 뭐냐고요? 몰입은 한 가지 일에 푹 빠지는 것을 말합니다. 그러다 보면 바깥이 궁금하고 컴퓨터를 켜고 싶은 생각은 싹 사라지고, 궁둥이도 무거워지겠지요.

이 책에서 여러분은 꼭 배워야 할 내용들을 생활이며, 체험이며, 놀며 즐기는 놀이로 알아갈 수 있습니다. 어떻게 그렇게 하냐고요? 이 책을 통하면 못할 것이 없습니다. 어디든 갈 수 있고 무엇이든 할 수 있죠. 이 책의 주인공들이 경험하는 일들은 모두 우리가 배워야 할 것들이고, 신기하게도 이 친구들을 따라가다 보면 지겨울 틈도, 졸릴 틈도 없답니다. 사실이냐고요? 그럼 선생님 말이 맞나 안 맞나 확인해 보면 되죠. 책장을 펼치고 기대해 보세요. 선생님이 공부를 즐겁게 할 수 있는 마법을 걸어 줄게요. 준비가 되었다면 힘차게 책장을 넘겨 봅시다.

저자 씀

가장 위대한 발명 수

주인공 소개	8
스테이지1 우리에게 숫자를 달라 **아주 옛날의 수**	10
피타고라스와 채팅하기	24
서프라이즈 진실 혹은 거짓	30
알쏭달쏭 내 생각	31
아하! 알았다 정답	32
스테이지2 쪼마라 박사의 새로운 수 **로마 수**	34
피타고라스와 채팅하기	44
서프라이즈 진실 혹은 거짓	50
알쏭달쏭 내 생각	51
아하! 알았다 정답	52

스테이지3 앗사라비아 수 **0과 아라비아 수**　　　56
　　피타고라스와 채팅하기　　　　　　　66
　　서프라이즈 진실 혹은 거짓　　　　　70
　　알쏭달쏭 내 생각　　　　　　　　　71
　　아하! 알았다 정답　　　　　　　　72

스테이지4 수와 뺄수 **정수의 등장**　　　　74
　　피타고라스와 채팅하기　　　　　　　84
　　서프라이즈 진실 혹은 거짓　　　　　88
　　알쏭달쏭 내 생각　　　　　　　　　89
　　아하! 알았다 정답　　　　　　　　　90

● 주인공 소개 ●

매쓰팬

수학천재 매쓰팬은 12살 소년이다.
그는 다른 아이들처럼 학교에 다니지 않고 아버지가 만들어 주신 MR로 모든 공부를 할 수 있다.
MR이 뭐냐고?
MR은 Mathematical Reality, 즉 번역하면 '수학현실'이라는 프로그램이다. 우리가 가상현실 게임 속에서 로켓 조종사가 되기도 하고 골프선수가 되기도 하듯 MR을 통해서 매쓰팬은 수학에 대한 모든 것을 여행하며 배울 수 있다.

매쓰팬이 오늘 배우고 싶어하는 주제는 수에 관한 것이다. 수학천재에게 그런 게 왜 필요하냐고? 아빠는 기본 개념에 충실해야 한다고 항상 강조하신다. 그래서 매쓰팬은 수에 대한 MR을 시행하기로 결심했다.
매쓰팬이 MR의 초기화면에서 '수학 〉수 〉'를 선택하자 다음과 같은 메시지가 나타났다.

수에 대한 MR 프로그램입니다.
당신은 다음 상황을 체험하게 됩니다.
☐ 수몰라 왕국 여행

우리에게 숫자를 달라
아주 옛날의 수

아주 옛날 사람들은 어떤 수를 사용했을까? **이집트**와 **바빌로니아의 수**에 대해 알아보자.

"디지봇!"

매쓰팬이 디지봇을 찾았다.

"충전 중인데 누가 부르는 거야? 누가 잠자는 로봇의 코털을 건드리는 거야?"

디지봇이 귀찮은 표정으로 매쓰팬을 돌아보았다.

"헉! 로봇도 코털이 있나?"

"매쓰팬, 용건만 말해."

"치……, 심심해서 그래. 수학책은 더 이상 읽을 게 없고……. 뭐 좀 재미난 일이 없을까?"

"넌 너무 수를 좋아해. 그러니까 수가 없는 나라로 가면 재밌을 거야."

"그런 나라도 있어?"

매쓰팬은 호기심 가득한 눈을 하고 디지봇 옆에 바짝 다가섰다.

"수몰라 왕국에서 웜홀 메일이 왔어. 심각한 문제가 있나 봐."

디지봇의 얼굴 모니터에 수몰라 왕국의 수시로 왕이 보낸 메일이 나타났다.

"가만, 수라면 이 매쓰팬을 따라갈 사람이 없지. 좋아, 출동!"

매쓰팬은 덥석 디지봇의 손을 잡았다. 그러자 디지봇의 얼굴에서 요란스런 빛이 뻗어 나와 둘의 주위를 감쌌다. 잠시 후, 빛은 사라지고 매쓰팬의 눈앞에 드넓은 초원이 나타났다. 둘은 아주 오랜 옛날 유목민들이 사는 수몰라 왕국에 도착한 것이다.

수몰라 왕국에는 수를 모르는 사람들이 양을 키우며 살고 있었다. 생활은 단순했지만 자연과 함께 사는 수몰라 왕국 사람들은 수를 몰라도 행복해 보였다.

매쓰팬과 디지봇은 넓은 풀밭 한가운데 있는 양가죽으로 만든 큰 천막 안으로 들어갔다. 그곳에는 팬티 바람으로 왕관을 쓴 사람과 그 양옆으로 팬티만 걸쳐 입은 두 명의 남자가 있었다. 왕은 황금빛 팬티를 입고 있었으며 두 남자는 양모로 만든 팬티를 입고 있었다.

"무슨 고민 있어요?"

매쓰팬이 왕에게 물었다.

"내가 도움을 요청한 수시로 왕이야."

왕은 매쓰팬에게 옆 자리에 앉으라며 손짓했다.

'수시로? 수 싫어? 정말 수학하고는 거리가 멀게 생겼어. 보통 수학을 잘하는 사람은 나처럼 좀 샤프하게 생겼는데 말이야……. 우와! 저 똥배 좀 봐. 얼마나 머리를 안 쓰면 저런 몸매가 될까?'

매쓰팬은 속으로 키득댔다.

"그런데 옆에 있는 저 쇳덩어리는 뭐지?"

호기심이 가득한 눈으로 수시로 왕이 물었다.

"으악! 내가 제일 듣기 싫은 소리가 쇳덩어리라는 소린데……."

디지봇이 일그러진 얼굴로 말했다.

"가만 지금 얘기가 어떻게 돌아가는 거지? 지금은 숫자가 없는 아주 오랜 옛날인데, 웬 로봇?"

"따지지 마, 매쓰팬. 나는 4차원을 통해 이곳으로 온 수학로봇이라고 하면 되잖아. 시대를 맞추면 난 출연 못 한단 말이야."

"그럼, 네가 출연하기 위해 이런 엉터리 시대를 만들자는 거야?"

매쓰팬은 왠지 이야기의 첫 부분이 마음에 들지 않았지만 디지봇의 설정을 따르기로 했다.

"매쓰팬, 수몰라 왕국을 도와줘. 내가 들은 바에 따르면 너만이 우리 문제를 해결할 수 있을 거래."

왕은 이내 침울해져서 말했다.

"무슨 문제죠?"

"요즘 우리나라에 양 도둑이 있는 것 같아서. 우리 왕국은 양이 무지무지 많거든. 그런데 요즘 들어 양들이 점점 줄어드는 거 같아."

"양의 수를 헤아려 보면 되잖아요?"

"어떻게 헤아리지? 아니, 헤아린다는 게 뭐지?"

수시로 왕이 고개를 갸우뚱거리며 물었다.

"디지봇, 어떡하면 좋지? 정말 이곳 사람들은 수를 모르나 봐."

매쓰팬은 슬슬 걱정이 되기 시작했다. 왕이 수학에 대해 이렇게 모르는데, 백성들이야 안 봐도 뻔했다.

"매쓰팬, 양의 수를 하나씩 세어 보는 건 어떨까?"

"그건 좋은 방법이 아니야. 이 사람들이 이해할 수 있는 방법을 써야 해. 디지봇, 최초의 수에 대한 자료를 찾아 봐."

"오케이."

디지봇은 내장된 컴퓨터를 가동시켰다. 잠시 후, 디지봇의 얼굴 모니터에는 '일대일 대응을 이용하라.'는 메시

지가 나타났다.

"그래, 그 방법을 쓰면 되겠어!"

매쓰팬이 손뼉을 치며 말했다.

"좋은 생각이 있는 거야?"

"로봇은 몰라도 돼."

매쓰팬은 장난스런 웃음만 보이며 디지봇에게 가르쳐 주지 않았다.

"로봇을 무시하지 마. 나는 인간형 로봇인 휴머노이드라고. 그리고 결정적 단서를 준 건 나라고!"

디지봇은 토라져서 말했다.

그날 저녁, 매쓰팬은 수시로 왕과 신하들을 데리고 양 우리로 갔다. 매쓰팬은 커다란 항아리를 들고 있었다.

"항아리는 어디에 쓸 거지?"

왕이 물었다.

"우선 현재 양들의 수를 확인할 거예요. 수라는 것은 많고 적음을 나타내는 것이에요."

매쓰팬은 밖에서 뛰놀던 양을 우리에 한 마리씩 집어넣었다. 양이 한 마리씩 우리로 들어갈 때마다 항아리에 돌멩이를 하나씩 넣었다.

"뭐 하는 거야?"

옆에서 잠자코 지켜보던 디지봇이 물었다.

"일대일 작전이야."

매쓰팬이 설명했지만 디지봇은 이해하지 못했다.

양들이 모두 우리에 들어가고 항아리에는 돌멩이가 가득 찼다. 매쓰팬은 그것을 우리 한쪽 구석에 두었다. 왕과 신하들은 조용히 매쓰팬의 행동을 지켜보았다.

다음 날 아침, 매쓰팬은 왕과 신하들을 다시 우리로 데리고 갔다. 그리고 양이 우리에서 나올 때마다 항아리의 돌멩이를 하나씩 꺼냈다. 만일 저녁에 우리로 들어간 양의 수와 아침에 우리에서 나오는 양의 수가 같다면, 항아리 안의 돌은 하나도 남지 않을 것이다. 하지만 만일 양이 사라졌다면, 양이 우리에서 모두 나오고도 항아리에는 돌멩이가 남아 있어야 한다. 매쓰팬은 바로 이 논리를 이용하고 싶었다.

우리에서 모든 양이 나오자 매쓰팬과 수시로 왕은 항아리를 들여다보았다.

"없을 거야."

매쓰팬은 돌멩이가 남아 있지 않기를 기대했다. 하지만 바닥엔 돌멩이 하나가 남아 있었다.

"돌멩이가 하나 남았어!"

왕이 소리쳤다.

"양 한 마리가 밤새 사라진 것이 분명해요."

매쓰팬이 고개를 끄덕이며 심각하게 왕을 쳐다보았다.

"내 예상이 맞았군!"

"아무래도 작전을 세워야겠어요."

"어떤 작전?"

"제게 맡기세요."

매쓰팬은 이렇게 말하고 디지봇에게 양가죽을 뒤집어 씌워 그날 밤 우리에 있도록 했다. 그리고 매쓰팬과 수시로 왕은 우리 밖에서 도둑을 기다리기로 했다.

그날 밤, 낯선 남자가 우리 안으로 들어왔다. 하지만 우리 안에는 양가죽을 뒤집어 쓴 디지봇만 있었다. 남자는

아무 의심도 없이 디지봇을 포대에 넣었다.

"왜 이렇게 무겁지?"

남자가 나지막이 중얼거렸다.

남자가 우리를 빠져나갈 때 포대 자루 속에 있던 디지봇이 계획대로 입에서 이산화탄소 기체를 내뿜었다. 포대는 부풀어 오르다가 그 압력을 이기지 못하고 뻥 소리를 내며 터져 버렸다. 도둑은 너무 놀라 그 자리에서 기절하고 말았다.

보기 좋게 양 도둑을 잡은 매쓰팬은 그날 이후 수몰라 왕국의 수학 교사가 되어 숫자를 헤아리는 방법을 아이들에게 가르치기로 했다.

매쓰팬이 가르친 것은 간단했다. 사물의 개수만큼 '찔'을 외치는 것이었다. 즉 사물이 한 개일 때는 '찔', 두 개일 때는 '찔찔', 세 개일 때는 '찔찔찔', 이런 식이었다. 그래서 아이들은 매쓰팬이 가르쳐 준 수를 '찔찔 수'라고 불렀다.

매쓰팬은 아이들이 보다 즐겁게 수를 배울 수 있도록 369 게임을 해보기로 했다. 당연히 수가 없기 때문에 이 게임은 오로지 찔을 이용해야 했다. 게임에는 수몰라 왕국에서 좀 똑똑하다고 소문난 잘난넘, 못난넘, 예쁜걸, 몸좋은걸, 엉뚱한걸 등이 참여했다. 모두들 신나게 양팔을 흔들면서 시작 노래를 불렀다.

"찌일 찔찔 찌일 찔찔!"

먼저 못난님이 소리쳤다.

"찔."

그러자 옆에 앉아 있던 잘난님이 이어 외쳤다.

"찔찔."

'다음에는 찔찔찔이겠군!'

엉뚱한걸은 속으로 이렇게 생각했다. 그런데 그 다음 차례인 예쁜걸은 찔 소리 대신 손뼉을 쳤다. 그리고 다음 차례인 몸좋은걸이 '찔찔찔찔'을 외치고, 그 다음인 강한님이 '찔찔찔찔찔'을 외쳤다.

이제 엉뚱한걸의 차례. 엉뚱한걸은 3의 배수일 때는 박수를 친다는 게임룰을 이해하지 못하고 '찔찔찔찔찔찔'을 외쳤다.

모두 엉뚱한걸을 쳐다보았다. 틀린 엉뚱한걸은 엎드려서 '인디안밥'이라는 벌칙을 받았다. 엉뚱한걸은 게임을 반복하면서 배수라는 개념을 이해할 수 있었다.

LOOK!

당신은 스테이지 1을 통과했습니다.
다음 아이템을 받을 수 있습니다.
☐ 디지봇의 눈에 줌기능 장착

피타고라스와 채팅하기

피타 님{피타고라스}이 입장하셨습니다.
매쓰 님{매쓰팬}이 입장하셨습니다.

이집트의 수

매쓰: 아주 옛날 이집트 사람들이 사용한 숫자는 뭐죠?

피타: 찔찔수랑 비슷해. 그러니까 1부터 9까지는 작대기를 하나씩 더 그리면 돼. 다음과 같지.

1 |
2 ||
3 |||
4 ||||

피타고라스(Pythagoras, B.C. 582?~B.C. 497?) 그리스의 종교가이자, 철학자, 수학자. 만물의 근원을 '수'로 보고 모든 것을 숫자로 풀이하려 했다. '직각삼각형에서 직각을 포함하는 두 변 위의 정사각형의 넓이의 합은 빗변 위의 정사각형의 넓이와 같다.' 라는 '피타고라스의 정리'를 발견한 인물로 전해지며, 그가 세운 수론은 수학 발전에 주춧돌이 되었다.

```
5    |||||
6    ||||||
7    |||||||
8    ||||||||
9    |||||||||
```

매쓰: 뭐야, 너무 간단하잖아요. 그럼, 10은 작대기 10개를 그리면 되겠네요?

피타: NO! 너무 무시하지 마. 이집트 사람들은 10을 나타내는 기호를 말굽 모양으로 만들었어.

$$10 = \cap$$

매쓰: 그래도 간단하군요. 그렇다면 11은 10과 1의 합이니까

$$11 = \cap \,|$$

피타: 그런 식으로 19까지 할 수 있겠지? 그럼 19를 나타내 봐.

매쓰: 간단하잖아요!

$$19 = \cap \,|\,|\,|\,|\,|\,|\,|\,|\,|$$

피타: 그럼 20은?

매쓰: 20은 10과 10의 합이니까

$$20 = \cap\cap$$

우와~ 재밌다.

피타: 재밌으면 다음 문제.

문제 1-1

73을 이집트 숫자로 써라.

피타: 이집트 사람들은 100, 1000, 10000 등의 수는 다른 기호로 나타냈는데, 이건 말이 필요 없이 다음 그림을 봐!

$$100 = \text{𓆼}$$
$$1000 = \text{𓆼}$$
$$10000 = \text{𓆼}$$

매쓰: 그래도 수마다 의미가 있네요.

피타: 그렇지, 이번에도 문제!

> **문제1-2**
> 2315를 이집트 수로 나타내라.

바빌로니아 수

피타: 자! 이번에는 기원전 2천 년 전에 만들어진 바빌로니아 수를 살펴볼까? 바빌로니아에서는 사물 하나를 다음과 같이 대응시켜.

$$1 = \text{T}$$

매쓰: 1부터 9까지는 이 무늬를 개수만큼 쓰면 되겠

군요. 그럼 10은요?

피타: 엇쭈, 앞서가는데? 10은 다음 그림.

$$10 = \langle$$

매쓰: 무늬만 달라졌지, 이집트 수랑 완전히 똑같네요.

피타: 여기서 문제.

> 문제 1-3
>
> 59를 바빌로니아 수로 써라.

피타: 그런데 60은 10을 나타내는 기호를 여섯 번 쓰는 게 아니라 다음과 같이 써.

$$60 = \mathsf{T}$$

매쓰: 엥? 어떻게 60을 나타내는 기호하고, 1을 나타내는 기호하고 같죠?

피타: 바빌로니아 사람들은 60을 기준으로 생각했어. 그러니까 71은 60 + 10 + 1이니까 다음과

같이 쓰면 돼.

$$71 = \text{T} \langle \text{T}$$

문제1-4

93을 바빌로니아 수로 나타내라.

 ## 서프라이즈 진실 혹은 거짓

1 _ 동물들도 수를 셀 수 있다.

  ☐ 진실   ☐ 거짓

2 _ 세계에서 가장 오래된 수학책인 린드 파피루스는 린드가 썼다.

  ☐ 진실   ☐ 거짓

3 _ 이집트 숫자 중 1000을 나타내는 숫자는 연꽃 그림이다.

  ☐ 진실   ☐ 거짓

 **알쏭달쏭 내 생각**

아주 오래된 옛날 고대 이집트 문자를 사용하는 수학자 알라방 박사가 넘버스 연구소 숙소에서 살해되었다. 넘버스 연구소의 숙소에는 300개의 방이 있었고, 각 방에는 여러 나라에서 온 300명의 수 연구자들이 묵고 있었다. 이들은 일 년 동안 함께 지내면서 통일된 수를 만들고 있었다. 그래서인지 이들은 서로의 방 번호를 정확하게 기억하고 있었다.

알라방 박사의 시신 옆에는 두 개의 국수가 각각 9자 모양으로 놓여 있었다. 형사는 사건 현장에 나타난 그대로, 박사가 죽으면서 자신을 죽인 사람의 방 번호를 나타낸 것이라며, 99호에 살고 있는 프랑스인 이노셍 박사를 범인으로 지목했다.

형사의 말대로 이노셍 박사가 범인일까? 여러분의 생각은?
☐ 범인이다.   ☐ 범인이 아니다.

아하! 알았다 정답

문제1-1 ∩∩∩∩∩∩|||

문제1-2 ₳ ₳ 9 9 9 ∩|||||

문제1-3 <<<<< TTTTTTTT

문제1-4 T<<<TTT

진실 혹은 거짓

1_ 진실
과학자들은 실험을 통해 동물들이 수를 구별하는지를 알아보았다. 그 결과 비둘기, 앵무새 같은 새들은 1부터 4까지의 수를 구별할 수 있었고, 침팬지는 5까지의 수를 구별할 수 있었다고 한다.

2_ 거짓
린드 파피루스는 아메스가 쓴 수학책이다. 이 책은 가로가 약 550센티미터, 세로가 약 30센티미터 크기인 파피루스에 85개의 문제가 상형문자로 기록되어 있다. 린드가 발견했기 때문에 린드 파피루스라고 부르는데, 현재 영국의 대영박물관에 보관되어 있다.

3_ 진실
이집트 사람들은 나일강에 많이 피는 연꽃을 1000을 나타내는 기호로 사용했다.

알쏭달쏭 내 생각

이노셍 박사는 범인이 아니다.
알라방 박사는 고대 이집트 수를 사용한다고 했다. 고대 이집트의 100을 뜻하는 숫자는 아라비아 수 9를 닮았다. 그러므로 알라방 박사가 나타내는 수는 200을 나타내므로 200호에 있는 사람이 범인이다.

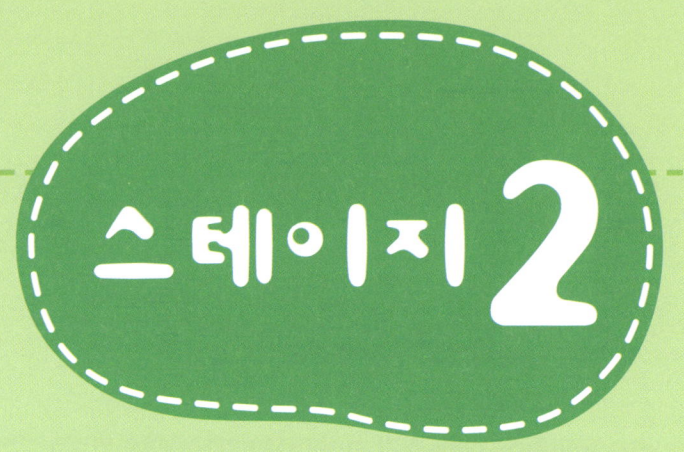

스테이지 2

쪼마라 박사의 새로운 수
로마 수

그리스와 로마인들은 5를 기준으로 수를 헤아렸다.
그리스의 수와 **로마의 수**에 대해 알아보자.

매쓰팬 덕분에 수몰라 왕국의 사람들은 찔찔수를 이용하여 수를 헤아리는 방법을 알게 되었고, 두 수를 더하거나 빼는 것도 찔찔수를 이용하여 셈할 수 있게 되었다. 그리고 수몰라 왕국의 문명은 빠른 속도로 발달하게 되었다.

한편 수몰라 왕국에는 괴팍한 노인이 살고 있었는데, 가족 없이 혼자 지내는 이 노인의 이름은 쪼마라였다. 그는 다른 사람들보다 셈이 빨라서 수 박사 혹은 쪼마라 박사로 불렸다. 하지만 오랫동안 혼자 살아서인지, 다른 사람들과 잘 어울리지 못했다. 그런 그가 찔찔수가 아닌 새로운 수를 만들어서 사람들에게 그 수를 사용하도록 강요했다.

어느 날 쪼마라 박사는 과일을 파는 다파로 씨에게 갔다. 사과를 사기 위해서였다. 박사는 밥보다 사과를 좋아해서 몇 끼니를 사과로 때우곤 했다.

"사과 코찔찔 줘."

박사가 다파로 씨에게 말했다.

"날 놀리는 거야? 네가 수 박사면 박사지, 왜 나를 놀리는 거야!"

다파로 씨는 항상 코를 질질 흘렸기 때문에 동네 아이들로부터 코찔찔이라고 놀림을 받았고, 그 소리 듣는 것을 제일 싫어했다. 결국 다파로 씨와의 말다툼으로 박사는 사과를 살 수 없었다.

 박사는 자신이 만든 새로운 수를 다른 사람들이 모른다는 것은 생각하지 않고 항상 자신의 수만 사용해 이런 해프닝을 일으키곤 했다. 박사는 어떤 경우에도 자신의 수 사용하기를 주저하지 않았고, 그것은 박사와 다른 사람들 사이에 의사소통을 어렵게 만들었다. 결국 사람들은 박사가 미쳤다고 생각하고 그에게 물건을 팔지도 않고 그와 말하는 것조차 꺼렸다.

 박사는 심한 우울증에 빠졌다. 그리고 자신의 수로는 이 나라에서 살아갈 수 없다는 것을 깨닫고 수몰라 왕국을 떠났다.

 쪼마라 박사의 새로운 수에 대한 소문은 나라 전체에 퍼져 왕의 귀에까지 들어갔다.

 "매쓰팬, 쪼마라 박사의 새로운 수에 대한 이야기를 들어 봤어?"

 왕이 물었다.

"들어보긴 했지만 어떤 수인지는 몰라요."

매쓰팬이 대답했다.

수시로 왕과 매쓰팬이 쪼마라 박사에 대해 이야기하고 있을 때 수몰라 왕국의 인구담당관인 넘마나 씨가 들어왔다.

"폐하! 우리 수몰라 왕국의 금년 인구를 보고하겠습니다."

"그래, 도대체 몇 명이지?"

넘마나 씨는 잠시 호흡을 가다듬은 후 인구 수를 발표했다.

"찔찔찔……."

넘마나 씨의 발표는 5시간이 넘도록 계속되었다. 인구 한 명을 찔에 대응시키는 찔찔수로는 사람 수만큼 찔을 읽어야 했기 때문이었다. 이렇게 넘마나 씨의 인구 조사 발표는 찔만 거듭하면서 일주일 동안 계속되었다. 왕과 매쓰팬은 고통스러웠다. 잠을 자도 자꾸 '찔' 하는 소리가 들리는 것 같았다.

"…… 찔 명입니다."

마지막 찔을 외치며 넘마나 씨의 보고가 끝이 났다. 그리고 그는 그 자리에서 영양실조로 쓰러져 바로 의원이 있는 곳으로 실려갔다.

"안 되겠어. 찔찔수로는 큰 수를 나타낼 수가 없어."

왕이 고민에 빠졌다.

"가만, 쪼마라 박사의 새로운 수는 뭘까? 혹시 찔찔수의 문제를 해결할 수 있지 않을까?"

매쓰팬이 디지봇에게 말했다.

둘은 쪼마라 박사가 살던 집으로 가보기로 했다. 디지봇의 위성 추적장치로 쪼마라 박사의 집은 쉽게 찾을 수 있었다.

쪼마라 박사의 집은 마을과 떨어진 언덕 위에 있었다. 박사의 집으로 들어간 매쓰팬은 박사가 기록해 놓은 수학 노트를 발견했다.

"이거야!"

책장을 넘겨보던 매쓰팬은 뭔가를 발견하여 소리쳤다.

"디지봇, 이 페이지를 찍어."

디지봇의 눈이 줌인 기능을 작동시켜 매쓰팬이 들고 있는 노트를 촬영했다.

다음 날 둘은 수시로 왕에게 갔다.

"폐하! 쪼마라 박사의 새로운 수는 찔찔수보다 훌륭해요."

"정말?"

수의 필요성을 점점 느끼고 있던 수시로 왕은 매쓰팬이 전하는 소식이 반가웠다.

디지봇은 자신이 촬영한 페이지를 벽에 비추었다.

"도대체 무슨 규칙이지?"

왕은 쪼마라 박사의 수를 이해하지 못했다. 하지만 매쓰팬은 쪼마라 박사의 수가 로마 수라는 것을 이미 알고 있었다.

"간단해요. '찔'이 다섯 개 모이면 그것을 '코'로 바꾸는 거예요. 그러니까 찔이 여섯 개 모이면 여섯은 다섯과 하나의 합이니까 코찔이 되고, 이런 식으로 일곱은 코찔찔이 되는 거죠."

매쓰팬은 명쾌하게 설명했다.

"아하! 다섯이 코가 되니까 조금 편해지는군! 가만……."

 왕은 화면을 바라보다가 갑자기 말을 멈췄다. 그리고 뭔가 이해되지 않는다는 표정을 지었다.

 "왜 찔이 네 개 모이면 찔코가 되지? 코는 다섯을 뜻한다고 했잖아?"

 왕이 물었다.

 "넷은 다섯보다 하나 작은 수죠? 이렇게 다섯인 코보다 하나 찔 작은 수를 나타낼 때는 작은 수를 큰 수 앞에 쓰는 것으로 정의한 거죠. 즉 찔코는 코에서 찔을 뺀 수니까 넷을 나타내는 거예요."

매쓰팬은 설명하면서 수물라 왕국에서 쪼마라 박사와 같은 인물이 나온 것이 놀라웠다.

"코찔처럼 큰 수가 작은 수보다 앞에 있으면 큰 수와 작은 수의 합이 되는 거고?"

"그렇죠. 이렇게 하면 찔이 네 번씩이나 반복되는 일은 없어지죠. 이뿐이 아니에요. 쪼마라 박사는 열을 나타내는 수를 '뽀'라고 새로 정의했어요. 그러니까 아홉은 열에서 하나를 뺀 수니까 찔뽀가 되고 열 하나는 열과 하나의 합이니까 뽀찔이 되는 거죠. 아무튼 찔찔수보다는 편리할 거예요."

매쓰팬은 쪼마라 박사의 새로운 수를 강력하게 추천했다. 그리고 그 수의 이름을 '코찔수'라고 정했다.

LOOK!

당신은 스테이지 2를 통과했습니다.
다음 아이템을 받을 수 있습니다.
☐ 디지봇에 복사기능 장착

# 피타고라스와 채팅하기

피타 님{피타고라스}이 입장하셨습니다.

매쓰 님{매쓰팬}이 입장하셨습니다.

그리스 숫자

매쓰: 그리스에도 숫자가 있나요?

피타: 그리스-로마 신화라는 거 들어 봤지? 로마는 창의성이 거의 없어. 로마 사람들이 한 건 대부분 그리스 사람들이 한 거에 이름만 바꾼 거야. 오늘 로마 숫자에 대해 얘기할 건데, 그 기원이 그리스 숫자야.

매쓰: 그리스 숫자는 처음 들어 봐요.

피타: 성질 급하긴. 자, 우선 그리스 숫자 1부터 4까지를 볼까?

| || ||| ||||
1   2   3   4

매쓰: 뭐예요, 찔찔수하고 똑같잖아요.

피타: 하지만 5부터 달라. 그리스 사람들은 5를 나타내는 기호를 만들었거든. 요런 거…….

5 = Γ

매쓰: 6은 5와 1을 더하면 되고요?

피타: 물론. 6부터 9까지는 다음과 같아.

6 = Γ| 8 = Γ|||

7 = Γ|| 9 = Γ||||

매쓰: 간단하군요. 그럼 10은요? 설마, ΓT는 아니겠죠?

피타: 물론. 그리스 사람들은 10을 나타내는 숫자도

따로 만들었어. 바로 요거야.

10 = Δ

여기서 문제.

문제 2-1

12와 37을 그리스 숫자로 써라.

로마 숫자

피타: 자, 그럼 이제 로마 숫자로 가 볼까? 먼저 로마 숫자 1부터 3까지를 보자.

매쓰: 4는 왜 빼죠?

피타: 따지지 말고 좀 봐봐.

매쓰: ……. (할 말 없음)

피타: 그럼 쏜다!

1 = I, 2 = II, 3 = III

로마 사람들도 5를 나타내는 숫자를 따로 만들었어. 그건 승리의……

매쓰: V라고 하시려고 했죠?

피타: 헉! 어떻게 알았지?

5 = V

매쓰: 4는 왜 빼먹는 거예요?

피타: 자! 이제 4와 6을 보여 줄게.

4 = IV   6 = VI

매쓰: 왜 4하고 6하고 똑같이 V와 I로 되어 있지요?

(헷갈림)

피타: 작대기 네 개를 그리는 걸 싫어해서 그래.

매쓰: 그런데 헷갈리잖아요. 어떻게 해야 쉽게 구분할 수 있을까요?

피타: 간단해. 큰 수(V) 앞에 작은 수(I)가 있으면 작은 수를 큰 수에서 뺀 값이 되는 거고, 큰 수(V) 뒤에 작은 수가 있으면 큰 수에 작은 수를 더한 값이 되는 거야.

매쓰: 그럼 IV에서 I는 작은 수, V는 큰 수니까 IV

는 5-1=4를 나타내고, VI는 5+1=6을 나타내는군요. 우와~ 얍삽하다. 작대기 네 개 안 그리려고 별 꼼수를 다 쓰는군요! 그것만 빼면 그리스 수하고 다를 게 하나도 없는데…….

'로마인을 리메이크의 천재로 선정합니다.'

— 매쓰

피타: 자, 그럼 문제!

문제 2-2

7과 8을 로마 수로 써라.

매쓰: 드르렁 드르렁.
피타: 기상! 이제 10을 나타내는 기호를 봐야지?
10 = X
로마 사람들은 9는 10에서 1을 뺀 수니까

9 = IX라고 썼어.

문제2-3 11부터 13까지를 로마 수로 써라.

피타: 이제 어려운 거……. 14는 10과 4와의 합이니까

14 = XIV

자! 그럼 문제.

문제2-4 15부터 20까지를 로마 수로 써라.

 ## 서프라이즈 진실 혹은 거짓

1 _ 곱셈구구를 5단까지만 알고 있으면 6단부터 9단까지의 결과도 알 수 있다.

☐ 진실   ☐ 거짓

2 _ 주판을 처음 만든 사람들은 중국 사람들이다.

☐ 진실   ☐ 거짓

3 _ 프랑스에서는 20을 기준으로 하여 수를 헤아린다.

☐ 진실   ☐ 거짓

 **알쏭달쏭 내생각**

걸리버는 소인국에 도착했다. 소인국 사람들은 걸리버에게 친절하게 대해 주었다. 걸리버의 키는 소인국 사람 키의 정확히 12배였다. 걸리버의 한 끼 식사를 놓고 소인국에서는 회의가 열렸다.

"걸리버는 거인이오. 우리보다 많이 먹어야 하는 건 알겠는데 도대체 얼마나 주어야겠소?"

왕이 신하들에게 물었다.

"걸리버의 키는 우리보다 12배 크므로 우리가 먹는 양의 12배를 주면 될 것 같습니다."

피그니우스 대신이 주장했다.

"12배로는 어림도 없습니다. 우리가 먹는 양의 1,728배가 필요합니다."

볼륨 대신이 주장했다.

여러분은 어느 대신의 의견이 옳다고 생각하는가?

아하! 알았다 정답

문제 2-1

ΔΙΙ　　　　　　　ΔΔΔΓΙΙ

문제 2-2

7=VII　　　　　　8=VIII

문제 2-3

11=XI　　　　　　12=XII

13=XIII

문제 2-4

15=XV　　　　　　16=XVI

17=XVII　　　　　18=XVIII

19=XIX　　　　　　20=XX

진실 혹은 거짓

1_ 진실

여러분이 곱셈구구를 5단까지만 외웠다고 하고, 예를 들어 7×8의 값을 구해야 한다고 하자. 그럴 때는 다음과 같이 하면 된다. 우선 두 수에서 5를 뺀 수를 쓴다.

2   3

이 두 수를 더한 5가 바로 7×8의 십의 자리 수다.

그리고 5에서 앞의 두 수 2, 3을 뺀 수를 쓴다.

3   2

이 두 수를 곱한 6이 바로 7×8의 일의 자리 수다. 따라서 7×8은 56이 된다. 이런 식으로 6단부터 9단까지의 결과도 알 수 있다.

2_ 거짓

주판은 기원전 500년쯤 이집트에서 발명되었다. 오늘날의 주판은 한 줄

에 알이 5개 있고 위 칸에 있는 알 한 개는 5를 나타내지만, 이집트의 주판은 한 줄에 알이 9개가 있어 10이 되면 옆줄로 옮아가는 것이었다.

3_ 진실

영어에서 99는 90을 나타내는 ninety와 9를 나타내는 nine이 붙은 ninety nine이 된다. 즉 영어에서는 10을 기준으로 하여 수를 헤아린다. 하지만 프랑스에서 99를 나타내는 말은 quatre-vingt-dix-neuf라고 읽는데, 이것은 '4개의 20과 19의 합'이라는 뜻이다.

알쏭달쏭 내 생각

두 대신 모두 틀렸다.
언뜻 보기에 먹는 양은 키보다는 부피와 관계있을 것 같아서 볼륨 대신처럼, 키가 12배이면 부피는 12×12×12=1728이 되어 1,728배의 음식을 먹어야 한다고 생각할 수 있지만(그리고 실제로 소설 《걸리버 여행기》에서도 그렇게 쓰고 있다), 식사량은 키나 부피보다 체온을 유지하는 등, 에너지를 쓰는 것과 더 많이 관련되어 있다. 따라서 체중이 2배 늘었다고 해서 식사량이 2배 느는 것이 아니라, 그보다 적게 는다고 한다. 에너지를 사용하는 것으로 계산해 보면, 걸리버에게 필요한 음식량은 소인국 사람의 268배 정도라고 한다.

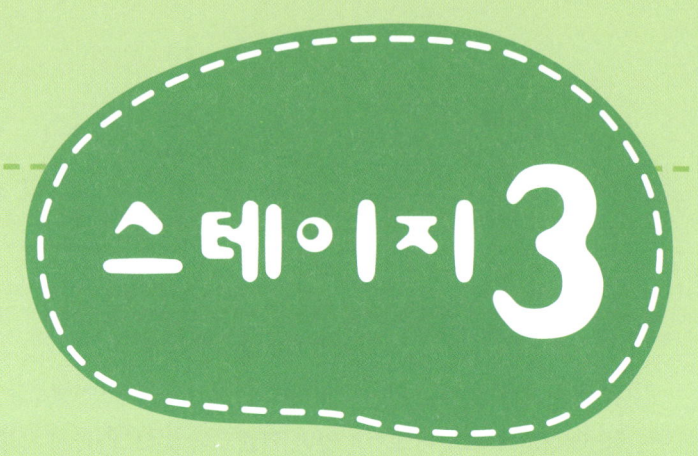

스테이지 3

앗사라비아 수
0과 아라비아 수

아라비아 숫자는 원래 인도 사람들이 만들었다.
이것을 아라비아 상인들이 유럽에 전해
아라비아 숫자로 불리고 있는 것이다.

코찔수의 발명으로 수몰라 왕국의 사람들은 큰 수를 나타내는 데 더 이상 '찔'을 여러 번 말할 필요가 없게 되었다. 하지만 코찔수에도 문제점이 있었다. 그것은 바로 코찔수로 덧셈 뺄셈을 하는 것이 너무 어렵다는 것이었다.

수몰라 왕국의 돈버러 씨는 매일 자신이 번 돈을 장부에 적었다. 하지만 덧셈 뺄셈이 어려운 코찔수로는 한 달 동안 번 돈이 얼마인지를 쉽게 알 수가 없었다. 돈버러 씨뿐만 아니라 장사를 하는 많은 사람들이 이런 어려움을 겪었

다. 왕은 다시 고민에 빠졌다.

"코찔수도 너무 불편해. 새로운 수를 찾아봐야겠어."

왕은 매쓰팬을 불러 문제에 대해 의논했다.

"수 발명 대회를 열면 어떨까요?"

매쓰팬은 쪼마라 박사의 경험에 비추어 수몰라 왕국에 또 다른 인재가 있을 것이라고 생각했다.

"좋은 생각이야. 당장 방을 붙여야겠어."

"그건 제게 맡기세요."

매쓰팬은 디지봇에 내장된 컴퓨터에 다음과 같은 공고문을 입력했다.

> 새로운 수를 찾아내는 사람에게
> 수학부 장관 자리를 줌.
> 단 코찔수보다 편리해야 함.
> ─수시로 왕

디지봇은 입력된 공고문을 수백 장 복사했다. 그리고 각 마을을 돌면서 사람들에게 나누어 주었다.

한편 마을 외곽에는 수학을 무척 좋아하는 두 형제가 살고 있었다. 형의 이름은 인도르, 동생의 이름은 앗사라비아였다. 둘은 덧셈과 뺄셈의 천재였다. 그래서 마을 사람들은 코찔수로 덧셈 뺄셈을 할 때마다 두 형제를 찾아가곤 했다.

두 형제는 그런 일을 여러 차례 겪으면서 코찔수가 얼마나 불편한지를 제일 먼저 느낄 수 있었다. 그래서 공고가 나가기 전부터 새로운 수를 찾고 있었다.

동생보다는 형 인도르가 수학 실력이 더 좋았지만, 인도르가 소심한 반면 동생 앗사라비아는 활동적인 성격이라 마을 사람들은 앗사라비아가 수학을 더 잘하는 것으로 알고 있었다.

"앗사라비아, 내가 새로운 수를 찾아냈어. 지금의 코찔수는 너무 불편해. 일부터 구까지를 나타내는 기호를 내가 새로 만들었어."

인도르는 자신이 만든 열 개의 숫자를 앗사라비아에게 보여 주었다.

0 1 2 3 4 5 6 7 8 9

"뭐야, 이걸로는 구까지만 셀 수 있잖아. 그럼 백까지 수를 나타내려면 백 개의 숫자가 필요하고 천까지는 천 개의 숫자…… 윽, 더 불편하잖아."

앗사라비아는 형이 만든 숫자가 그다지 마음에 들지 않았다.

"이것만으로 모든 수를 나타낼 수 있어."

"어떻게?"

앗사라비아는 형의 말을 믿을 수 없었다. 그래서 문제를 내었다.

"9보다 1이 큰 수는?"

"그건 10이야."

"9보다 큰 수가 1하고 0이라고? 말도 안 돼."

앗사라비아는 더 이상 형의 설명을 들을 필요가 없다고 생각하고 밖으로 나가려 했다.

"앗사라비아, 잠깐 기다려. 10은 일과 영이 아니라 십이야. 앞에 있는 1은 10을 나타낸다고……."

인도르가 침착하게 설명했다.

"그럼 11은 10과 1이 있는 거고, 12는 10과 2……, 이런 식이라면 정말 열 개의 숫자로 모든 수를 나타낼 수 있겠 어!"

앗사라비아는 그제야 인도르가 만든 수가 얼마나 대단한지 깨달았다.

앗사라비아는 형이 만든 열 개의 숫자를 수시로 왕에게 알렸다. 앗사라비아의 설명을 들은 수시로 왕은 너무나 마음에 들어서 앗사라비아를 수 발명 대회의 우승자로 삼고 그에게 수학부 장관 자리를 주었다.

그날 이후 왕은 왕국의 모든 사람에게 앗사라비아의 숫자를 사용하게 했으며, 이 수를 '앗사라비아 수' 라고 불렀다.

이제 수몰라 왕국의 사람들은 100, 1000, 10000, 100000과 같은 수들을 열 개의 앗사라비아 숫자로 나타낼 수가 있었다. 그런데 큰 수를 나타낼 때 0이 너무 많이 쓰여서 사람들은 4개의 숫자마다 콤마를 찍어서 구별을 하기로 했다. 즉, 만은 1,0000으로, 억은 1,0000,0000으로 조는 1,0000,0000,0000으로 나타내기로 한 것이다. 네 개의 숫자마다 콤마를 붙이면 수를 읽기가 편했다. 예를 들어 4,1257은 4만 천2백5십7이 되고 6,8764,0000은 6억8천7백

6십4만이라고 읽으면 되었다.

　그러던 어느 날, 수몰라 왕국은 이웃나라인 수짱 왕국에 돈을 빌려 줄 일이 생겼다. 수짱 왕국에서 필요한 돈은 1억 원으로, 수시로 왕은 그 돈을 한 달 동안 빌려 주고 그것을 증명하는 서류를 만들게 했다.

　드디어 한 달이 지나고 수짱 왕국의 수도사 왕이 수시로 왕을 찾아왔다.

　"여기 만 원 잘 썼습니다."

　수도사 왕이 돈을 건네주었다.

　"만 원? 무슨 소리예요? 우리는 1억 원을 빌려 줬어요."

　수시로 왕은 깜짝 놀라 말했다.

　"우린 분명히 만 원을 빌렸습니다. 이걸 보시죠."

　수도사 왕은 수시로 왕의 서명이 있는 서류를 보여 주었다.

　놀랍게도 그 서류에는 '수시로 왕이 수도사 왕에게 1,0000.0000원을 빌려 준다.'라고 쓰여 있었다. 즉 두 번째 콤마가 점으로 바뀐 것이다.

"분명히 만 원이 맞지요?"

수도사 왕은 수시로 왕에게 증명 서류를 다시 확인시켜 준 다음 유유히 사라졌다. 이렇게 하여 수몰라 왕국은 엄청난 재산 피해를 입게 되었고, 다시는 숫자에 콤마를 사용하지 않았다.

당신은 스테이지 3을 통과했습니다.
다음 아이템을 받을 수 있습니다.
☐ 화이트보드

피타고라스와 채팅하기

피타 님{피타고라스}이 입장하셨습니다.

매쓰 님{매쓰팬}이 입장하셨습니다.

0이 없다면

매쓰: 영(0)은 어떻게 찾았어요?

피타: 처음에는 영이 없었어.

매쓰: 엥? 영이 없었다고요?

피타: 1, 2, 3, 4, 5, 6, 7, 8, 9가 나오고 수백 년 지난 뒤에야 0이 나왔어.

매쓰: 엄청 불편했겠네요.

피타: 물론.

매쓰: 그럼 0이 없을 때 사백칠은 어떻게 썼어요?

피타: 4와 7 사이에 한 칸을 띄웠어. 이렇게……

　　　　　4 7

매쓰: 사천칠은요?

피타: 두 칸을 띄웠어.

　　　　　4 　 7

매쓰: 아하~ 영이 들어갈 자릴 비웠군요.

피타: 그렇지. 여기서 문제!

문제3-1　　　사만칠을 0 없이 써라.

콤마 이야기

매쓰: 통장에는 왜 세 자리마다 콤마가 있어요? 차라리 네 자리마다 콤마가 있으면 더 편하잖아요,

이렇게.

1,0000   1만

1,0000,0000   1억

1,0000,0000,0000   1조

피타: 수를 쓰는 방법이 외국에서 시작돼서 그래.

매쓰: 걔들은 그게 더 편하대요?

피타: 1000이 영어로 뭐지?

매쓰: thousand.

피타: 10000은?

매쓰: 10 thousand.

피타: 외국에는 만을 나타내는 말은 없고 천을 나타내는 말이 있거든. 그래서 세 자리마다 콤마로 표시하는 게 편한 거야. 우린 만, 억, 조……로 나가지만 걔들은 천(thousand), 백만(million), 십억(billion)으로 나가거든.

1,000   one thousand

1,000,000 one million

1,000,000,000 one billion

매쓰: 으윽……, 우리가 먼저 썼다면 우리가 편한 대로 지금 사용하고 있을텐데, 안타깝다.

피타: 여기서 문제.

> **문제3-2**
> 100억을 콤마를 사용하여 써 보고 영어로 읽어라.

 ## 서프라이즈 진실 혹은 거짓

1_ 아라비아 숫자는 아라비아 사람이 처음 만들었다.

　　☐ 진실　　　☐ 거짓

2_ 사람이 흘깃 보고 기억할 수 있는 숫자는 네 개다.

　　☐ 진실　　　☐ 거짓

3_ 아라비아 숫자로만 되어 있는 시(詩)도 있다.

　　☐ 진실　　　☐ 거짓

 **알쏭달쏭 내 생각**

덧셈을 좋아하는 나라가 있었다. 이 나라의 화폐는 수로 쓰여 있는 것이 아니라 2+3원, 7+1+2원처럼 덧셈으로 이루어져 있었다. 혼자 살고 있는 셈빨라 씨는 라면이 먹고 싶어서 라면을 사기 위해 가게로 갔다.

"라면 얼마죠?"

셈빨라 씨가 물었다.

"2+7+2원이네."

상점 주인 티미해 씨가 대답했다. 셈빨라 씨는 지갑을 뒤적여서 1+9+1원을 찾아 주인에게 내밀었다. 그런데 티미해 씨가 예상과 다른 반응을 보였다.

"돈이 부족하잖아?"

티미해 씨는 화를 냈다.

"2+7+2 와 1+9+1은 같잖아요?"

셈빨라 씨는 따졌지만 라면을 사는 데 실패했다.

이 사건이 생긴 원인은 무엇일까? 여러분의 생각은?

문제 3-1

4   7 (사이에 세 칸을 띄워 쓰면 된다.)

문제 3-2

10,000,000,000   ten billion

진실 혹은 거짓

1_ 거짓

아라비아 숫자는 인도 사람이 만들었다. 당시 인도와 교역을 하던 아라비아 상인들이 인도의 숫자가 편리하다는 것을 알고 유럽에 알려 주었기 때문에 아라비아 숫자로 불리게 된 것이다.

2_ 진실

과학자들의 실험에 의하면, 사람이 흘깃 보고 기억할 수 있는 최대 숫자

개수는 네 개라고 한다. 그래서 전화번호나 자동차 번호판이 최대 네 개의 숫자로 묶여 있는 것이다.

3_ 진실
이상의 시 「오감도」 제4호는 0부터 9까지의 숫자만으로 되어 있다.

알쏭달쏭 내 생각

셈빨라 씨가 낸 화폐에는 1+9+1이라는 식이 쓰여 있다. 하지만 이 화폐를 거꾸로 보면 1+6+1이 된다. 즉 티미해 씨는 화폐를 거꾸로 보고 돈이 부족하다고 생각했을 수 있다.

스테이지 4

수와 빽수
정수의 등장

소득은 양의 자연수로, 빚은 음의 자연수로 나타낸다.
양의 자연수와 음의 자연수,
그리고 0을 합쳐 **정수**라고 부른다.

"뭐라고? 수짱 왕국이 우리랑 전쟁을 벌이겠다고?"

수짱 왕국의 전쟁 포고 소식에 수시로 왕이 잔뜩 화가 났다. 그렇지 않아도 지난번 돈 빌려 준 일과 관련해서 아직 분이 풀리지 않았는데, 전쟁 포고라니 왕은 도저히 참을 수 없었다.

"이제 전쟁 준비를 해야 합니다."

신중해 대신이 말했다.

"뭐부터 준비해야 하지?"

"우선 세금을 제대로 걷어야 합니다. 전쟁을 하기 위해서는 많은 돈이 필요하니까요."

"좋아. 그럼 철저하게 소득 조사를 해서 세금을 칼같이 받아내도록 해라."

이리하여 수몰라 왕국은 전쟁에 대비해 본격적으로 세금을 거두기 시작했다. 세금은 소득의 3분의 1을 내도록 정해졌고 수시로 왕은 앗사라비아 수를 제일 잘 다루는 모다더해 씨를 세금 징수원으로 임명했다. 모다더해 씨는 아무리 어려운 덧셈이라도 암산으로 단지 몇 초 만에 답을 척척 알아맞히는 재주가 있었다.

모다더해 씨가 처음으로 찾아간 집은 마을에서 책을 팔고 있는 북저아 씨 집이었다.

"이번 달 소득 조사를 하러 왔습니다. 장부를 보여 주세요."

모다더해 씨의 요구에 북저아 씨는 장부를 내놓았다. 장부에는 다음과 같이 써 있었다.

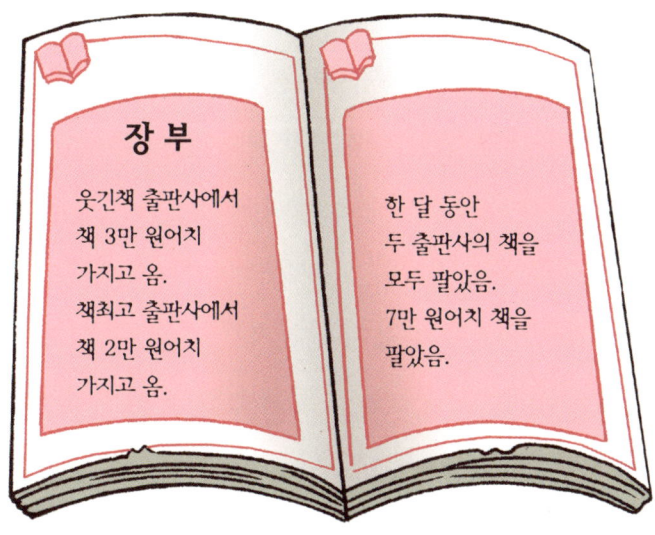

"책을 가지고 온 것도 번 돈이니까, 3만 원에 2만 원에 7만 원을 더하면 합이 12만 원. 세금은 번 돈의 3분의 1이니

까 세금 4만 원을 내시오."

　모다더해 씨가 말했다.

　"세금이 너무 많은 것 아니에요?"

　북저아 씨는 따졌지만 소용이 없었다. 결국 북저아 씨는 현금 4만 원을 모다더해 씨에게 꺼내 주었다.

　"히히, 그래도 나는 3만 원을 벌었다. 이 돈으로 뭘 하지? 전에 봐 두었던 신발이나 사서 신을까?"

　모다더해 씨가 나간 뒤 북저아 씨는 남은 돈 3만 원을 들고 좋아했다. 그때 문이 열리면서 한 사람이 들어왔다. 그는 책최고 출판사의 직원 돈죠반니 씨였다.

　"책값 2만 원을 주시오."

　"앗참, 출판사에 줄 책값이 있었지!"

　북저아 씨는 잠시 그 돈을 까먹고 있었다. 북저아 씨는 2만 원을 돈죠반니 씨에게 주었다.

　"히히, 그래도 만 원은 남았어. 이걸로 맛있는 거나 사먹어야겠군."

　북저아 씨가 남은 만 원을 들고 문을 나서려고 하는데 낯선 남자가 들어왔다.

"누구시죠?"

"나는 웃긴책 출판사에서 왔소. 우리 책값 3만 원을 주시오."

"가만, 이상하다. 나는 책을 모두 팔았고 번 돈의 3분의 1만 세금으로 주었는데 왜 모자라는 거지?"

북저아 씨는 알 수가 없었다. 어찌 되었건 웃긴책 출판사로부터 책을 받은 것은 사실이었으므로 북저아 씨는 자신의 돈 2만 원을 보태서 3만 원을 웃긴책 출판사 직원에게 주었다. 결국 북저아 씨는 완전히 손해를 보았지만 왜 손해를 보게 되었는지 알 수 없었다.

이런 고민은 모다더해 씨가 방문한 모든 가게들이 경험한 것이었다. 모두 한 달 동안 열심히 장사를 했지만 세금을 내고 나면 오히려 적자가 되어 생활이 어려워졌다.

가게 주인들은 모여서 대책 회의를 열었다. 그리고 세금 징수인 모다더해 씨가 세금을 잘못 거둬 갔기 때문이라며 왕에게 하소연을 했다.

"세금을 안 걷을 수도 없고, 백성들이 적자를 보게 할 수도 없고……. 정말 이상하군! 분명히 번 돈의 3분의 1만 세금으로 걷으라고 했는데, 그럼 3분의 2는 가게 주인들에게 있으니까 적자를 볼 리가 없잖아?"

고민하던 왕이 매쓰팬에게 말했다.

"이 세상에는 두 종류의 수가 필요해요. 우리가 사용하는 자연수와 빚진 것을 나타내는 뺄수."

"뺄수? 그게 뭐지?"

"윷놀이에서 거꾸로 가는 도, 뺄도랑 비슷한 건데 영어로는 BACK⋯⋯."

"그래, 그 뺄수가 뭐냐고?"

"북저아 씨의 경우를 봐요. 웃긴책 출판사와 책최고 출판사에서 책을 가지고 온 분량의 돈은 책을 판 다음에 돌려주어야 할 돈이에요. 그러니까 이때 가져온 책값 5만 원은 빚이 되는 거지요. 이렇게 남에게 빌린 돈은 뺄수를 써야 해요. 그러니까 북저아 씨의 책값은 뺄 5만 원이죠. 그리고 책을 판 수입은 그냥 7만 원이고요. 그러니까 실제로 번 돈을 구하려면 뺄 5와 그냥 7을 더해야 해요."

"어떻게 더하지?"

"뺄 3과 그냥 2를 더한다고 해보죠. 이것은 빚이 3이고

소득이 2일 때를 말해요. 이 둘을 합치면 여전히 빚이 1이 남지요? 그러니까 다음과 같이 되죠."

매쓰팬은 조그만 화이트보드에 다음과 같이 적었다.

빽 3 + 그냥 2 = 빽 1

"간단하군. 그럼 소득이 더 많을 때는?"

"그냥 3과 빽 2를 더하는 경우를 말하시는 거죠? 이때는 소득이 3이고 빚이 2인 경우니까 빚을 모두 갚으면 소득이 1이 되죠. 그러니까 다음과 같아요."

뺵 2 + 그냥 3 = 그냥 1

"그래, 그 문제도 해결되었어."

왕은 뺵수에 대해 점점 더 관심이 생겼다.

"좋아. 그럼 마지막으로 뺵수와 뺵수를 더하면 어떻게 되지?"

"예를 들어 뺵 2와 뺵 3을 더해 볼게요. 이것은 빚이 2가 있고 다시 또 3을 빚진 경우를 나타내요. 그러면 전체 빚은 5가 되지요? 빚은 뺵수로 나타내기로 했으니까 결국 뺵 5가 돼요."

뺵 2 + 뺵 3 = 뺵 5

"아하! 뺵수와 뺵수를 더하면 무조건 뺵수가 되는군! 좋아. 이제 뺵수만 있으면 세금 문제를 완벽하게 해결할 수 있겠어."

왕은 아주 흡족해했다. 그리고 세무 징수원들이 세금을 거둘 때 소득은 그냥수로, 빚은 뺵수로 하여 전체 소득에 대해 세금을 거두어들이라고 명령했다. 물론 전체 소득이 빽수가 되는 경우는 세금을 면제해 주기로 했다.

빽수 덕분에 백성들은 세금의 공포로부터 벗어날 수 있게 되었고, 전쟁 준비는 착실한 세금 납부로 순조롭게 준비되었다.

몇 개월 뒤, 수시로 왕은 전쟁에서 승리하고 수몰라 왕국은 수에 대해서는 가장 잘 아는 국가가 되었다. 수시로 왕이 죽고 그 뒤를 이은 수시로 왕의 아들 수저아 왕은 국민들의 수에 대한 실력이 대단하다고 평가하여 나라의 이름을 수아라 왕국으로 바꾸었다.

LOOK!

축하합니다.
당신은 모든 스테이지를 통과했습니다.

피타고라스와 채팅하기

피타 님{피타고라스}이 입장하셨습니다.

매쓰 님{매쓰팬}이 입장하셨습니다.

음수

피타: 자, 정수에 대한 강의를 해볼까? 자연수가 뭐지?

매쓰: 1, 2, 3, 4… 이런 거요.

피타: 물건의 개수를 셀 때 쓰는 수가 자연수야. 그리고 물건이 한 개도 없으면 0을 사용하지. 그런데 또 다른 수가 필요해.

매쓰: 어떤 수죠?

피타: 음수야. 이야기에서 뺄수라고 한 것 말이야. 음수는 자연수 앞에 '−'를 붙여. 그러니까 −1, −2, −3, −4, …

매쓰: 무슨 의미가 있죠? 우리가 "사과 −3개만 주세요."라고 하지는 않잖아요.

피타: 음수는 물건의 개수를 헤아리는 데 쓰지 않아. 하지만 음수를 쓰는 경우는 많이 있어.

매쓰: 어떤 경우죠?

피타: 겨울에 추운 날이 되면 가령 기온이 '영하 5도'라고 표현하지? 여기서 영하는 수은주가 0도보다 아래로 내려간 것을 말하거든. 이것을 수로 나타내면 −5도라고 할 수 있어. 이렇게 0보다 작은 수를 나타낼 때는 음수를 사용해. 반면에 '영상 5도'일 때는 +5도라고 하지. 5와 같아.

매쓰: 그런데 왜 '+'를 붙이는 거죠?

피타: 음수와 구별하기 위해서 +를 붙일 때도 있어.

하지만 떼어도 상관없어. '+'를 붙인 수를 양수라고 하거든. 그러니까 정수에는 양수와 0과 음수가 있어.

정수의 덧셈

매쓰: 정수들은 어떻게 더하죠?

피타: 양수와 양수를 더하는 건 너무 쉬워. 우리가 아는 덧셈이지.

$(+2)+(+3)=+5$

이제 양수와 음수의 덧셈을 볼까? 다음과 같아.

$(+2)+(-3)=-1, \quad (-2)+(+3)=+1$

매쓰: 양수가 될 때도 있고 음수가 될 때도 있군요.

피타: +와 -를 부호라고 하는데, 부호를 뺀 수가 큰 쪽의 부호에 부호를 뺀 두 수의 차를 써 주면 돼.

매쓰: 왜 그렇게 되죠?

피타: 음수를 빚으로, 양수를 소득으로 생각하면 간단

해. (+2)+(−3)은 소득이 2, 빚이 3인 경우니까 전체로는 빚 1이 되잖아. 그래서 −1이 된 거야.

문제 4-1
다음을 계산하라.
(−3)+(+10)=　　　　(−5)+(+1)=

매쓰: 그렇군요. 그럼 음수와 음수의 합은요?

피타: 예를 들면 다음과 같아.

　　(−2)+(−3)=−5

매쓰: 음수가 되는군요.

피타: 당연하지. 빚 2가 있고 또 빚 3이 있으면 전체로는 빚 5가 있는 셈이잖아. 그러니까 음수와 음수의 합은 항상 음수가 되는 거야.

문제 4-2
다음을 계산하라.
(−1)+(−1)=　　　　(−10)+(−5)=

 ## 서프라이즈 진실 혹은 거짓

1_ 음수는 중국 사람이 처음으로 알아냈다.

　　□ 진실　　　□ 거짓

2_ 음수를 사용하지 않는 온도도 있다.

　　□ 진실　　　□ 거짓

3_ 음수를 이용하면 평균을 빠르게 구할 수 있다.

　　□ 진실　　　□ 거짓

 알쏭달쏭 내생각

인기 과학동화작가 셈스 씨는 혼자 조용히 작업을 하기 위해 오피스텔을 얻었다. 오피스텔은 지상 100층에, 지하 15층이고, 지하는 모두 주차장이었다.

입주자들은 주차 공간을 추첨으로 배정받았는데 15층에 사는 셈스 씨의 주차장은 지하 15층이었다. 이 오피스텔의 엘리베이터 사용료는 주차장과 집까지 엘리베이터를 이용하는 층수에 100원을 곱한 값을 매달 지불하는 방식이었다. 한 달 후 오피스텔의 관리인이 찾아왔다.

"셈스 씨의 엘리베이터 사용료는 $30 \times 100 = 3000$(원)입니다."

하지만 셈스 씨는 관리인의 계산이 잘못되었다며 돈을 다 낼 수 없다고 말했다.

셈스 씨와 관리인 중 누구의 말이 맞을까? 여러분의 생각은?
☐ 셈스 씨   ☐ 관리인

아하! 알았다 정답

문제 4-1

(−3)+(+10)=+7

(−5)+(+1)=−4

문제 4-2

(−1)+(−1)=−2

(−10)+(−5)=−15

진실 혹은 거짓

1_ 거짓

음수는 7세기 무렵 인도의 수학자 브라마굽타가 처음 사용했다. 그는 양수를 소득으로, 음수를 빚으로 설명했다.

2_ 진실

우리는 섭씨온도(℃)를 사용한다. 이것은 물이 어는점을 0도로 하여 이보다 높은 온도는 양수로, 이보다 낮은 온도는 음수로 나타내는 방법이다.

또 다른 온도 표현으로는 켈빈온도라는 것이 있는데, 이것은 섭씨온도에 273을 더한 값이며 단위는 K를 사용한다. 즉 섭씨온도 27도는 켈빈온도로는 300K가 된다. 그런데 이 단위를 사용하면 온도가 음수로 나타내어지지 않는다. 그것은 온도의 최솟값이 섭씨 영하 273도(−273도)이므로 켈빈온도로는 0K가 되기 때문이다.

3_ 진실

예를 들어 다음 세 수의 평균을 구하는 문제를 보자.

97, 88, 91

물론 세 수를 더해서 3으로 나누어 평균을 구할 수 있다. 하지만 음수를 이용하는 방법은 평균을 더 빠르게 계산할 수 있게 도와준다. 먼저, 세 수 중 두 번째로 큰 수를 각각의 수에서 뺀 값을 써 보자.

6, −3, 0

이 세 수를 더하면 3이 되고 이것을 3으로 나누면 1이 된다. 이 값을 두 번째로 큰 수에 더한 것이 구하는 평균이다. 즉 세 수의 평균은 91+1=92이다.

알쏭달쏭 내 생각

셈스 씨.
지하 15층에서 지상 15층까지는 29층만 이동하면 된다. 이것은 모든 빌딩에 0층이 없고 지하 1층 다음에 지상 1층이 되기 때문이다. 그러므로 셈스 씨가 내야 할 돈은 29×100=2900(원)이다.

GO! GO! 과학특공대 01

가장 위대한 발명 수

지은이 • 정 완 상
펴낸이 • 조 승 식
펴낸곳 • 도서출판 이치 사이언스
등록 • 제9 - 128호
주소 • 01043 서울시 강북구 한천로 153길 17
홈페이지 • www.bookshill.com
전자우편 • bookshill@bookshill.com
전화 • 02 - 994 - 0583
팩스 • 02 - 994 - 0073

2007년 12월 10일 제1판 1쇄 발행
2014년 8월 5일 제1판 7쇄 발행
2022년 1월 15일 제2판 3쇄 발행

가격 6,500원

ISBN 978-89-98007-25-6
978-89-91215-70-2(세트)

• 잘못된 책은 구입하신 서점에서 바꿔 드립니다.

GO! GO! 과학특공대 시리즈

1. 가장 위대한 발명 **수**
2. 끼리끼리 통하는 **암호**
3. 구석구석 미치는 **힘**
4. 찌릿찌릿 통하는 **전기**
5. 온도와 상태를 변화시키는 **열**
6. 세상의 기본 알갱이 **원자**
7. 수·금·지·화·목·토·천·해 **태양계**
8. 몸무게가 줄어드는 **달**
9. 끝없는 초원에서 만난 **아프리카 동물**
10. 숨 쉬고 운동하는 **식물의 생활**
11. 달려라 달려 **속력**
12. 흔들흔들 **파동**
13. 세어볼까? **경우의 수**
14. 울려라 울려 **악기과학**
15. 초록 행성 **지구**
16. 보글보글 **기체**
17. 조각조각 **분수**
18. 반사하고 굴절하는 **빛**
19. 무게가 없는 **무중력**
20. 나눌까 곱할까? **약수와 배수**
21. 꾹꾹 눌러 **압력**
22. 뛰어 보자 **수뛰기**
23. 둥둥 뜨게 하는 **부력**
24. 외계에서 온 **UFO**
25. 쉽고 빠른 셈셈 **셈**
26. 우리의 가장 오랜 친구 **곤충**
27. 밀고 당기는 **자석**
28. 신기하고 놀라운 **삼각형**
29. 맞혀 볼까? **확률**
30. 한눈에 쏙쏙 **통계**

다음 책들이 곧 여러분을 만날 준비를 하고 있습니다.
많이 기대해 주세요.

- 사각형
- 비율
- 도형
- 놀이동산
- 도구
- 액체
- 화학반응
- 용액
- 숲속의 벌레
- 우리 주위의 동물
- 세계 곳곳의 동물
- 새
- 여러 종류의 동물
- 소화
- 인체
- 지구 변화
- 날씨
- 지질시대
- 바다